रूपांतरण

- जीवन निखारनेवाले निबंध

(essays on moral ethics)

- प्रासंगिक
- प्रेरणादायक
- शिक्षाप्रद

जिंदगी बदल डाली

शुभ शुभ बोलो

जीवन-दर्शन

जीवन मूल्य

संस्कार व जीवन

देश.- भक्ति

सौन्दर्य लहू का

अंग्रेजियत का भूत

आत्महत्या क्यों

स्वर्ग कहीं और है

स्वर्ग

दुर्गा प्रसाद

मूल्य Rs 199

AF362578

आपने मेरी जदिगी बदल डाली

आज दनि मंगलवार है | तथि १६ सतिम्बर | वर्ष
२०१४ | मुझे कोलकता जाना है | कोलफल्ड पकड़नी
है | सुबह पांच पचपन पर | टकिट पहले ही कटा ली है |
इसलिए लाईन में लगने की चतिा से वमिुक्त हूँ | पत्नी
इस बात से वाकफि है | मैं हार्ट पेसेंट हूँ , इसलिए
बाहर का खाना नहीं खाता | वह रोटी – सब्जी मेरे
लिए बनाने में व्यस्त है | पांच बजे मैं रेडी हो जाता हूँ
– कपड़े , जूते – मोज़े पहनकर | पत्नी की नजर मुझपर
टकिी हुयी है | वह लंच बॉक्स में रोटी- सब्जी लाकर
थमा देती है | मैं अबलिम्ब घर से नकिल पड़ता हूँ |
ऑटो सामने ही मलि जाती है | पचीस मनिट में स्टेसन
पहुँच जाता हूँ | अपनी सीट खोजकर डी वन में बैठ
जाता हूँ | पांच पचास हो गया है | बगलवाली सीट अब
भी खाली है | ट्रेन खुलनेवाली है तभी एक संभ्रांत
महलिा आती है और उस खाली सीट पर बैठ जाती है |
चेहरे पर पसीने की बूंदें – अब टपके कतिब , पर वह

इतनी बेचैन है कि वह इस ओर ध्यान ही नहीं दे पाती।
मेरी ओर नज़र उठाकर कहती है , " बहुत गर्मी है आज
, दादा ! आप इधर आ जाते , मुझे वड़ो सीट पर ...
आ जाईये। मैं अपनी सीट छोड़कर उसकी सीट पर बैठ
जाता हूँ।
मुझे ... ? वह पूरी बात नहीं बताना चाहती है।
गया पूल पर जाम , आदमी को समझदारी नहीं , लाईन
तोड़कर गाड़ी घुसाते जाता है। पुलसि कसिसे - कसिसे
लड़े – झगड़े। इसी में मेरा लेट हो गया। दौड़े – दौड़े आ
रही हूँ , एक मनिट भी देर होती तो गाड़ी छूट जाती ,
फरि ... ?
जो भगवान करते हैं सब अच्छा ही करते हैं। आपको भी
वे नरिाश नहीं कयि।
हाँ , मैं भर रास्ता माँ काली को जपती रही , माँ जैसे
मेरी गाड़ी न छूटे। माँ ने मेरी प्रार्थना सुन ली।
सच पूछिए तो माँ के सविा इस दुनयिा में मेरा कोई नहीं
है।
माँ – बाप ?

वो तो कब के गुजर गए |

पति, बाल – बच्चे ?

मेरा नशीब में कहाँ ?

माँ – बाप की बात नहीं मानी , एक लड़के से शादी रचा ली , लव मैरिज | एकलौती बेटी थी | माँ – बाप इसी गम में असमय ही चल बसे | सारी जायदाद मेरे नाम कर गए | अच्छी खासी नौकरी थी पर छोड़ दी मेरे पति ने | उसे करोरपति बिनने का भूत सवार था | साझे में कोयला का कारबार शुरू कर दिया | न दिन को चैन न ही रात को नींद | दिनरात सेटिंग - गेटिंग की बातें , उलट – फेर की योजनाएं | मैं बासु की खबसूरती पर रीझ गई , उसके गुण पर कभी गौर नहीं किया | शादी – विवाह कोई गुड्डा – गुड्डी का तो खेल नहीं | सोच – सोचकर दुबली हो गई | माँ – बाप की बात नहीं मानी उसी की सजा काट रही हूँ – चाहे हँसकर या चाहे रोकर |

बाल - बच्चे ?

छिः! हमेशा दारू पीकर टर्र रहता था | उस हालत में ... ?

फरि ?

फरि क्या था अधोगति, आसमान से गिरी , लेकिन खजूर पर नहीं लटकी , सीधे जमीन पर चारोखाने चत्ति | किसी ने आकर सुबह – सुबह खबर दी कि बासुदा , मेरा पति रेल लाईन पर मरा पड़ा है, लगता है किसी ने मार कर फेंक दिया हो |

फरि ?

फरि क्या था , काटो तो खून नहीं मुझमें | मैं सुनकर ही बेहोश हो गई | होश आया तो अपने को कोलकता के एक नुर्सिंग होम में शौक – संतप्त , विक्षिप्त अवस्था में निरुपाय , निःसहाय पायी |

फरि ?

फरि मैं अपने को संभाली यह सोचकर कि जीवन अमूल्य है इसे यूं ही बर्बाद नहीं होने देना चाहिए | दो – तीन बार गई और अपनी सम्पत्ति बेचकर कोलकता में सेटल कर गई | आज एक बाप दादे की कोठी थी , उसे भी बेचकर निश्चिन्ति हो गई | अब मेरा यहाँ रत्तीभर भी जमीन जायदाद नहीं है , न ही वहाँ मेरा कोई अपना

कहनेवाला | उसने अपने मन की भंडास निकाल ली और मेरी तरफ मुखातिब होकर पूछी , " आप क्या करते हैं ? मैं सेवानवृित प्रबंधक हूँ | तब तो आपको कॉफी रुपये मलि होंगे , जैसे पी. एफ. , ग्रेच्युटी , लीव सेलरी ... हाँ , लाखों रुपये मलि , चाल्लसि वर्षों तक लगातार नौकरी की | पैसों को सहेज कर रखा | सीधा – सादा जीवन – यापन किया | बच्चों को अच्छे संस्कार दिए और अच्छी शक्षिा दी | सभी बच्चों से पूछा पैसे चाहिए , सभी ने न में उत्तर दिया |
फरि ?
फरि क्या था किसी अच्छे काम में पैसों को लगा दिया | क्या मैं जान सकती हूँ कि वो कौन से अच्छे काम हैं जनिपर आपने जीवन की अपनी सारी कमाई लगा दी ? मैंने एक धर्मशाला बनवा दिया , बाग – बगीचे बनवा दिए |
हमारा छोटा सा नगर है , लेकनि यहाँ सबकुछ है |
जैसे ?

वद्यिालय , उच्चवद्यिालय , महावद्यिालय , आई. टी. आई. , पोलटिक्निकि , इंजीनयिरिंगि कोलेज , बी. एड. कोलेज इत्यादि... सुदूर देहातों और ग्रामों से गरीब – गुरबे लड़के यहाँ आते रहते हैं | नम्िन एवं मध्यम परविार के लड़के जब मेरे पास आवास की खोज में आते हैं और जब मैं उन्हें अपने धर्मशाला में बहुत ही कम मासकि महीने पर रहने की व्यवस्था कर देता हूँ तो वे फूले नहीं समाते | मेरे आनंद की भी सीमा नहीं रहती | उन बच्चों को चौकी के अतरिक्ति एक टेबुल और एक कुर्सी भी देता हूँ ताकि वे सुवधिापूर्वक लखि – पढ़ सके | रोज सुबह शाम पत्नी के साथ जाता हूँ , उन बच्चों से मुखातबि होता हूँ , हाल – चाल पूछता हूँ | उन बच्चों के चेहरे को जब देखता हूँ तो उन चेहरों में अपने बच्चों के चेहरे नज़र आते हैं , जो हज़ारों मील सुदूर प्रान्तों में काम करने गए हैं | बड़ा शुकून मलिता है | बच्चों को हम दलि से प्यार करते हैं और बच्चे भी हमें आदर व सम्मान देने में कभी नहीं चुकते |

बहुत ही नेक काम में आपने अपनी कमाई लगा दी है |
मेरा तो आपने आँखें खोल दी , मेरी सोच ही बदल डाली
, मेरा नजरिया भी ... ?

वो कैसे ?

वो ऐसे कि मेरे पास करोड़ों रुपये हैं | एक कोठी खरीद
ली | बाग – बगीचे सभी हैं | बैंक में रुपये हैं | लाखों की
आमदनी है | आयकर देने के बाद भी इतनी रकम बच
जाती है जिसे मैं खर्च नहीं कर पाती | मैं अकेली जान ,
मेरा इस दुनिया में कोई नहीं , है भी तो सब के सब
लोभी , लालची , मतलबी , चोर – उचक्के ... ?

मैडम ! एक बार दिल से किसी को अपना तो समझकर
देखिये , उसके दुःख दर्दों में तो शरीक होईये , फिर ...
फिर देखिये वे आप के अपने हो जाते हैं कि नहीं ?

उदार बनिए , अपनी सोच में , अपने व्यवहार में ,
अपने कार्य में फिर देखिये आनंद , खुशी , सुख व
शान्ति...

हमारे शाश्त्रों में इस विषिय का उल्लेख है :

अयं निजि परो वेति,गिणना लघु चेतसाम् |

उदार चरित्रानातु , वसुधैव कुटुम्बकम ॥

अर्थात ?

यह अपना है , यह पराये का है , इस प्रकार विचार करनेवाले व्यक्ति निम्न कोटि के होते हैं | उदार (generous) चरित्रवाले व्यक्तियों के लिए तो सारा संसार एक परिवार की तरह , एक कुटुंब की तरह होता है |

एकबार गरीब – गुरबों , निःशक्तों , जरूरतमंदों को गले लगाकर तो देखिये , आप को वो सुख व शांति मिलेगी जिसे शब्दों में वर्णन नहीं किया जा सकता | अवर्णनीय !

आपने आज मेरी आँखें खोल दी | मैं अपने मोहल्ले में एक महाविद्यालय की स्थापना करूंगी जहां गरीब और आर्थिक रूप से कमजोर बालिकाओं को मुफ़्त में उच्च शिक्षा – दीक्षा दी जा सके |

यह सोचकर ही आप का चेहरा कमल – सा खिला – खिला प्रतीत हो रहा है | जब आप इसे अमली जामा

पहना देगी और बालकिओं को पढते – लखिते देखेगी
तो ?

एहसास कीजयि उस परमानंद को !

आप तो माँ काली की परम भक्त हैं | यही नहीं उनपर
आपकी अटूट श्रद्धा, वश्विास और भक्ति है |

सो तो है , दादा ! इसलिए अबतक जनि्दा भी हूँ नहीं
तो कबकि.... ?

ऐसी अशुभ बात मत बोलिए | माँ काली को अपने हृदय
में धारण किय रहे |

काली–काली महाकाली,कालकि परमेश्वरी |
सर्वानन्द करे देवी , नारायणी नमस्तुते ||

इस मंत्र का जाप नयिमतिरूप से कीजयि| नःिसंदेह
आपकी मनोकामना पूर्ण होगी |

मेरा आशीष आप के साथ है | आप अपने उदेश्य में
सफल होंगी |

कोलफल्डि हावड़ा स्टेसन घुस रही थी | बोगी में जल्द
उतरने की होड़ - सी लग गई , लेकनि हम नश्चिन्ति
अपनी सीट पर बैठे रहे , हमें कोई जल्दबाजी नहीं थी |

महलिा ने बड़ी ही सावधानी से मेरा वजिटिंगि कार्ड रख लयिा और फरि ?

फरि उतरते – उतरते महज पांच शब्द कह गई :

" आपने मेरी जदिगी बदल डाली | "

****
****

शुभ - शुभ बोलो

नगर नकिाय के चुनाव में उम्मीदवारों ने जो शौर मचा रखा था , वह शांत हो गया तो आमलोंगो ने चैन की सांस ली. , लेकनि गोपाल बाबू के दुखों का अंत नहीं हुआ क्योंकिअब घर-घर जा कर चुप- चुप प्रचार करने का वक़्त आ गया था. क्या था क्या हो गया ? अब तो रूटीन बन गयी है. शुबह उठकर झाड़ू- बुहारू करना, बच्चों को नहला -धुलाकर तैयार करना, उनके लयि नास्ता-पानी बनाना, उनका टफिनि सरयिाना , फरि उन्हें बस स्टॉप तक स्कूल बस में चढ़ा कर घर लौटना. मैं अकेला जीव , क्या - क्या करूँ ? पेट के लिए काम- धाम करना ही पड़ता है. सबको तो मनाया जा सकता है ,

लेकिन पेट को नहीं. पेट तो चंडाल होता है ,
चंडाल . चिरकुंडा चेक-पोस्ट के पास उसकी
चाय-पकौड़ी की दुकान है. खूब चलती है. यह
नाका बंगाल और झारखंड के बोर्डर पर
अवस्थित है. जी.टी.रोड के जस्ट बगल में. चूँकि
दिल्ली से कोलकाता तक फोर लेनिंग की सड़क
है , चेकिंग हेतु ट्रकों की लम्बी क़तार लग
जाती है. मैंने तो कभी नहीं देखा , लेकिन लोग
कहते हैं कि यहाँ बारहों महीने चहल - पहल बनी
रहती है. गोपाल बच्चों से फारिग हो जाने के
बाद सीधे दूकान चला आता है , फिर दो बजे
घर लौटता है जब बच्चों का स्कूल से आ जाने
का वक़्त हो जाता है. गोपाल को ज़्यादा कमाने
की ह्वश नहीं . उसकी सिर्फ दिली ख़्वाईश है
कि बच्चे पढ़ लिखकर इंजनियिर या डाक्टर बन
जाय. उसने बहुत से लोगों को अपनी छोटी सी
ज़िन्दगी में देखा कि जो माँ - बाप पैसों के पीछे

भागते रहे , उनके लड़के जिंदगी की दौड़ में पछिड़ गये .

जब उसने अपना दुखड़ा सुनाया तो रामखेलावन का पत्थर का दिल पसीज गया. पूछ दिया , ' गोपू भाई ! तेरी घरवाली बीमार है क्या ? या झगडा - झंझट कर मैके चली गयी है ? इतना सुनते ही गोपाल फूट फूट कर रोने लगा . ससिकते हुए बोला , ' उसकी बातें न पूछिये तो ही अच्छा है .मैं बरबाद हो गया .उसे आजकल एक अलग किसिम का नशा चढ़ा हुआ है. वह चुनाव में खडी है . क्या शुबह , क्या शाम हर समय प्रचार - प्रसार में निकिल जाती है - गली - गली , मोहल्ले - मोहल्ले - वोटरों की चिरौरी - विनती करने .पता नहीं कहाँ से सहेलियों - सखियों का झुण्ड खड़ा कर लिया है. देर रात तक लौटती है घर , जब बच्चे सो जाते हैं . उधर ही खाना - पीना होता है उसका . इधर

जो घर का हाल है , उसे देखकर रोना आता है मुझे. दिमाग काम नहीं करता कि ऐसे हालात में क्या करना चाहिए या क्या नहीं .मैंने तो जुझारू किस्म की लडकी से शादी इसलिए की थी कि वह घर और बाहर दोनों मोर्चों पर बहादुरी के साथ लडेगी और सारे संकट दूर कर देगी , कभी सपने में भी नहीं सोचा था कि उसके जुझारूपन का परिणाम ऐसा निकिलेगा. वह चुनाव में खडा हो जायेगी . रामखेलावन भाई ! मुझे राजनीति से नफरत है. जिसके घर में यह घुसी , निगिल गयी सब को - चाहे देर चाहे सबेर . मुझे बड़ा डर लगता है कि बूरे शोहबत में आकर लड़के बर्बाद न हो जाय. तुम्हीं समझा सकते हो अपनी दुलारी बेटी (मेरी पत्नी) को . वह तुम्हारी बात जरूर मानेगी . '

देखो गोपू ! एक बात तुम्हें बता देना चाहता हूँ कि एक बार औरत का पाँव घर से बाहर हो

गया तो समझो हाथ से बेहाथ हो गयी . अब तो पानी सर के ऊपर चला गया है , कुछ भी किया नहीं जा सकता . कुछ भी उसे बोलोगे तो घर में बेवजह अशांति होगी - बच्चों पर इसका प्रतिकूल प्रभाव पड़ेगा सो अलग . जो करती है हंसकर झेलो . वक़्त का इन्तजार करो . साई को याद करो . जब झटका लगेगी तो सबकुछ नार्मल हो जायेगा . बच्चों का ख़्याल रखो . उन्हें दिल से प्यार करो और अशुभ बात दिल से निकालकर फेंक दो . बीवी के बारे में अन्यथा मत सोचो, उसे भी उसके कामों में सहयोग करो . उससे विमुख होना घर -गृहथी के हेल्थ के लिए अच्छी बात नहीं . उसे समझो , भरपूर प्यार दो . साई के दो अनमोल वचन हैं - श्रध्दा और शबूरी . समझो व जीवन में उतारो इसे . सबकुछ ठीक हो जायेगा एक दिन - ऐसा मुझे विश्वास है.

देखा उसका उदास चेहरा शनैः - शनैः प्रफुल्लति हो रहा है . फिर भी मेरे मन में उत्सुकता जाग उठी थी यह जानने के लिए कि यह सब हुआ कैसे ? मुझसे रहा नहीं गया और पूछ बैठा .

' गोपू ! यह सब हुआ कैसे ?

' क्या बताऊँ ! विवाह के बाद ही वह मोहल्ले की औरतों से दोस्ती करने लगी . उनके दुःख - सुख में शरीक होने लगी. उनका दिल जितने लगी - अपने कार्य एवं व्यवहार से . फिर क्या था घर में ही बैठकें एवं सभाएं होने लगी . समाज सेविका बन गयी . पूरे शहर के दुःख व कष्ट से दुबली होने लगी. पुरुष भी इन बैठकों व सभाओं में आने लगे. फिर उसने यूनियन बना लिया और उसी में रातों - दिन संलिप्त हो गई . अब तो ऐसी समर्पित हैं कि उसे घर - परिवार की कोई चिंता नहीं. अब तो वह चुनाव में भी खडी हो गयी है. बस, चुनाव ही चुनाव का

धून सवार है उसपर. पता नहीं वह चुनाव में जीतेगी या नहीं , लेकिन एक बात दीगर है दोनों हालतों में मैं ही हार जाऊँगा .

गोपू ! मन छोटा मत करो इस प्रकार हार नहीं मानते, जो वीर होते हैं . तुम स्वामी विविकानंद , परमहंस रामकृष्ण के प्रान्त के हो. बहादुरी के साथ मैदान में डटे रहो और प्रतकूल परस्थितियों का डटकर मुकाबला करो . यही वक्त का तकाजा है . मैं मानता हूँ कि घर-गृहस्थी संभालना भी कोई रणभूमि से कम नहीं होता . तुम वीर हो - बहादूर हो . तुम्हें तो गर्व होना चाहिए कि तुम्हें इतनी जूझारू पत्नी मिली है. मैं उस दिन गोपू को समझा- बुझाकर चल दिया . देखा जो चेहरा म्लान था , अब खिल उठा है . शुबह ही वह चला आया मेरे पास . काफी खुश नज़र आ रहा था . चौकी पर बैठ जाने का इशारा किया तो वह बैठ गया . मैंने

झट दो कप चाय बना कर ले आया . एक कप
उसे थमा दिया और दूसरा स्वं लेकर बगल में
बैठ गया . चेहरा खिला - खिला सा प्रतीत हो
रहा था .

गोपू ! बड़ा खुश दीख रहे हो ? क्या बात है ?
दादा ऐसी बात ही है. आप को बताने चला आया

.

तो देर किस बात की ? बता डालो . सुनकर
मुझे भी खुशी होगी .
' दादा ! बता रही थी कल आप उससे (मेरी
पत्नी) मिले थे . क्या जादू आप ने कर दिया
? आज रात को वह जल्द ही घर आ गयी.
मेरे पास आकर बैठ गयी और गले में हाथ
डालकर बोली, ' आप काहे को चिंता करतें हो जी
? चुनाव होने में अब कुछ ही दिन तो बाकी हैं .
चुनाव जितिना तय है. एकबार जीत गयी तो सब

शुभ - शुभ ही होगा . रही बात कष्ट की तो समझ लीजिये , अब आप का कष्ट दूर ही हुआ समझिये.

तभी मोबाइल का रिंगिटोन बजा पत्नी का . वह बोली , ' मीटिंग है. जरूरी है जाना . जा रहीं हूँ .एकाध घंटे में आ जाऊंगी . वह चली गयी. लेकनि जल्द ही आ गयी. साथ - साथ खाना खाए हम . दोनों बच्चे माँ से घुल -मिलकर खूब बातें कीं . रात कैसे बीत गयी - हमें पता ही न चला. शुबह हुयी तो आप को शुक्रिया अदा करने चला आया . गोपाल उठा ही था पाँव छूने को कि रामखेलावन ने उसे गले से लगा लिया और बोले , घर जाओ. सब शुभ - शुभ ही होगा .गोपाल तो चल दिया , लेकनि दादा की बातें उसके मन- मानस में छाई हुयी थी.   मुड कर देखा तो पाया उनकी परछाई थी जो उसकी पीछा

कर रही थी. उसके कानों में बस एक ही आवाज गूंज रही थी , "शुभ - शुभ बोलो."

****

जीवन - दर्शन

(Philosophy Of Life)

ईश्वर ने हमें जीवन दिया - वो भी मुफ्त , माता - पिता ने हमें जन्म दिया - निश्वार्थ . हमारा दायित्व एवं कर्तव्य बनता है कि हम उन्हें इसका समुचित रिटर्न अदा करें . ऐसी धारणा/ मत / विचार है कि हम इस अनमोल जीवन व जन्म के बदले उन्हें कुछ भी चूका नहीं सकते - हम उनके उपकारों से ताजिंदगी उरीन नहीं हो सकते. लेकिन हम बहुत कुछ कर सकते हैं . कैसे ? यही एक अहम सवाल है जिसका उत्तर आज हमें ढूँढना है. यही जीवन - दर्शन का रहस्य है .

1. आचार- वचार

2. आहार-वहार

3. सद्व्यवहार - सद्कर्म - ये ऐसे
मानवीय गुण हैं जनिके अपनाने से -
अपने जीवन में ढालने से आदर्श
चरत्रि का नर्मिाण होता है और
व्यक्तयि में नखिार आता है. इसलिए
अपने आचरण को ठीक रखना , वचार
को नर्मिल व वशिुद्ध रखना , हम जो
शारीरकि , मानसकि एवं आधात्मकि
पोषण - शोषण हेतु जो आहार - भोजन
, जल एवं प्राण वायु के रूप में ग्रहण
करते हैं, वे सभी पोषक होनी है ,न कि
वनिाशक. जो भी हम खाएं, मुहं में
डालने के पहले तीन बार सोचे कि यह
हमारे लिए - हमारे सुखद व शांतमय
जीवन के लिए लाभदायक है या
हानकिारक है. आपकी आत्मा से जो
आवाज नकिलती है , उसका पालन एवं

अनुशरण करना हमारा धर्म बनता है. विहार व आनंद - विनोद जीवन की रक्षा एवं संरछण के लिए है न कि विनाश के लिए. इसलिए क्षणकि सुख के लिए स्थाई सुख से वंचित नहीं होना चाहिए . उत्तेजना व उन्माद में कोई ऐसा कदम नहीं उठाना चाहिए जो माता - पिता के सम्मान एवं प्रतिष्ठा को धूल - धूसरित कर दे और समाज में उनका सिर अपमान से नीचा हो जाये. सदा - सर्वदा हमारा व्यवहार मर्यादित होना चाहिए. हम सहज हों, सरल हों - मृदुल हों , कुशल हों, नीतिगत एवं न्यायसंगत हो. सब के लिए समुचित आदर , प्रेम व सम्मान हमारे अन्तःस्थल में होना परमावश्यक है. पुरुषोतम राम ने स्पष्टरूप से रामायण में इस ओर हमारा ध्यान आकृष्ट किया है - " निर्मल जन मन सो मोहि पावा ,

मोहि कपट छल छिद्र ना भावा. " संत शिरोमणि कबीर दास ने इस भाव को दूसरे रूप में व्यक्त किये हैं - " कबीरा मन निर्मल भया जैसे गंगा के नीर , पाछे - पाछे हरि फिरत कहत कबीर - कबीर " कर्म के बारे में जितनी प्रसंशा की जाय - वो कम है. कर्म का छेत्र अति व्यापक है. यह सर्बोपरी है. कर्म करना हमारा धर्म है - कर्तव्य है , लेकिन कैसा ? सद्कर्म अर्थात अच्छा कर्म - जो दूसरों की नजर में - विचार में व विश्लेषण में धर्मसंगत, न्यासंगत व परंपरा , मर्यादा व संस्कृति के अनुकूल हो. गोश्वामी तुलसी दास ने राम चरित मानस में कर्म पर अपना विचार बड़े ही सुन्दर ढंग से किया है - "कर्म प्रधान विश्व करि राखा , जो जस करहीं सो फल चाखा " .

4. सभी सुख चाहते हैं . सुख व शांति में चोली - दामन का सम्बन्ध है. हमारे विद्वानों ने इसका भी हल ढूंढ निकाला है - " विद्या ददाति विनियम , विनियात याति पात्रत्वाम, पात्रत्वात धनाम आप्नोति, धनात धर्म , तत् सुखं . " अर्थ यह है कि विद्या से विनय प्राप्त होता है, विनय से योग्यता हासिल होती है , योग्यता से धन की प्राप्ती होती है , उस धन से जब धर्म होता है तभी सुख प्राप्त होता है , अन्यथा मनुष्य जन्म ले कर सांप- छुछुन्दर की तरह मर- खप जाता है. उस व्यक्ति को कोई नहीं जान पाता .

****
****
****

जीवन - मूल्य - अच्छा बनिए, अच्छा कीजिये

ईश्वर ने हमें जीवन निःशुल्क दे दिया . इसकी कीमत मांगी जाती तो पता नहीं लोग खरीद पाते कि नहीं , क्योंकि लाखों- करोड़ों में होता इसका मूल्य. जब वस्तुओं व सेवाओं का मूल्य इतनी तेजी से कुछेक वर्षों कें आसमान छू गया है तो जीवन - मूल्य के क्या कहने ! निर्धन व गरीब लोग तो तरसते रह जाते बाल- बच्चों के लिए. न नौ मन तेल होता न राधा नाचती आंगन में . अमीरों के घर में ही शशिु जन्म लेते - उनकी कलिकारियां सुनायी पड़ती. उन्हीं का घर आबाद होता. उन्हीं का खानदान चलता. बाकी सब का अस्तित्व धीरे -धीरे मटि जाता , लेकिन ऐसा

नहीं हुआ. ईश्वर के यहाँ सभी बराबर हैं - क्या अमीर, क्या गरीब. उनके यहाँ कोई भेद - भाव नहीं होता जैसा हमारे यहाँ (पृथ्वी पर) होता है. इसलिए हम सबकुछ रहते हुए भी दुखी हैं. हमें सुख, चैन व शांति मिवस्सर नहीं. रोते पैदा हुए और रोते हुए मर जाते हैं. हमने इस वषिय पर कभी नहीं सोचा, न ही हमें कभी फुरसत ही मिली सोचने की, लेकनि संत - शरिोमणि कबीरदास से रहा नहीं गया . दोहे में जीवन - मूल्य की व्याख्या कर डाली -

कबीरा जब हम पैदा हुए , जग हंसा, हम रोय |

ऐसी करनी कर चलिए कि हम हँसे , जग रोय || 'अब

जीवन इतना मूल्यवान है' तो हमारा कर्तव्य एवं दावत्यि बन जाता है कि अपने जीवन को सार्थक बनाने का भरपूर प्रयास करें. कैसे अपने जीवन को हम सार्थक बना सकते हैं ,

इस वषिय पर अनेकों पुस्तकें मलिती हैं - उन्हें पढ़ें और जीवन - आदर्शों एवं मूल्यों को अपने जीवन में उतारें . महँ लोगों की आत्म कथा पढ़ें और उन तथ्यों पर अपना ध्यान केन्द्रति करें जनिसे वे महान बन गये जीवन - मूल्य की बात करते - करते , मैं नेता की तरह भाषण देने लगा था . भूल इंसान से होती है , ईश्वर क्षमा करते हैं - यह बात सबको मालुम है . हो सकता है (संभावना के बारे बता रहा हूँ) आदमी इसलिए भूल करता हो कि उसे तो क्षमा मलि ही जायेगी . गूढ़ रहस्य की बात बताना में भी भूल जाता यदि मैं यह नहीं बता पाता कि जबतक भूल नहीं करोगे , तबतक सही करना नहीं सीख पाओगे. दुनयिा के महान आदमयिों की जीवनी पढो , तब पता चलेगा कि उसने जीवन में कतिनी भूल की , तब जाकर कामयाबी हाथ लगी. मनोवज्ञिान में एक प्रचलति

थियोरी है - 'Trial & Error Theory' . इसी के भाव से मिलती - जुलती एक कहावत है - ' **करत - करत अभ्यास , जड़ मति होत सुजान** ' इस कहावत में भूल यही है कि भूल के स्थान पर अभ्यास है , लेकिन भाव कमोवेश वही है. मैं यहाँ बड़ी भूल कर रहां हूँ - विषयांतर हो रहा हूँ . सॉरी ! यह दो अक्षरों के शब्दों में कौन सा जादू है , अभी तक हमारी समझ के बाहर है . यदि आप (सुधी पाठकगण) की समझ में आ जाय तो प्लीज ... !

सॉरी क्षमा का पर्यायवाची (Synonymous) है . क्षमा या मुआफ़ी (माफ़ी) समानार्थक शब्द है . देश के बड़े - बड़े लोगों की जुबान फसिल जाती है और कोई भूल कर बैठते हैं तो सॉरी कहने से ही काम चल जाता है. एक बार की बात है कि हमारे प्रधानमंत्री जी से कोई भूल हो गयी , सदन में वे सॉरी कह दिए . विपक्ष

की नेता सुषमा स्वराज जी ने बड़े ही दिलेरी से कहा - ' चलो माफ़ किया ' पर अमिताभ (अमिताभ बच्चन) जी की सोच कुछ अलग हटकर है . वे क्षमा मांगने में बड़प्पन का अनुभव करते हैं . उनके अनुसार क्षमा मांगने से कोई आदमी छोटा नहीं होता , बल्कि उसका कद और बड़ा हो जाता है . बात जब भूल पर उठी तो दूर तक चली जा सकती है. करीब बारहवीं शताब्दी में पृथ्वीराज चौहान और मोहम्मद गोरी में युद्ध हुआ . मोहम्मद गोरी की हार हुयी और वे बंदी बना लिए गये . उसने जान बक्श देने की गुजारिश की . पृथ्वीराज चौहान ने उन्हें जीवन दान दे दिया . फिर कुछ ही समय में मोहम्मद गोरी अचानक धावा बोल दिए . चौहान की हार हुयी और उनको बंदी बना लिया गया . घोर यातनाएं दी गईं . दोनों आँखें फोड़ दी गईं . यहाँ पर पृथ्वीराज चौहान से भूल

हो गयी जिसकी कीमत जान देकर चुकानी पडी .
किस सन्दर्भ में मैं कह रहा हूँ आप के जेहन
में है. यहीं बात ख़त्म हो जाती तो दिल को
तसल्ली मिलती , लेकिन ऐसा कभी - कभार
नहीं भी हो पाता. भूल हो जाती है किसी से ,
सॉरी भी कह देता है , क्षमा भी मांग लेता है ,
लेकिन भूल की यथोचित कीमत चुकानी पड़ती है
. वो कहते हैं न कि क़ानून के हाथ लम्बे होते
हैं , पंजे मजबूत होते हैं - एकबार पक़ड लिया
तो फिर छोड़ता ही नहीं , सजा देकर ही दम
लेता है. अब हम विदेश - यात्रा पर चलें .
तत्कालीन अमेरिका के राष्ट्रपति बिल क्लिंटन
अपने कर्मचारी मोनिका लेवेंस्की के साथ
शाररिीक सम्बन्ध बनाने के आरोप में फंस गये.
शुरू में वे मुकर गये कि आरोप निराधार है. बाद
में जब साक्ष्य की बात उठी तो वे अपना
गुनाह कबूल (Confess) कर लिए यह कहकर

कि उनसे भूल हो गयी . उन्हें क्षमा कर दी गयी . भाई साहब ! फरि मैं भटक गया ! कहाँ जीवन - मूल्य और कहाँ बेमतलब की बातें ! सॉरी ! तो क़द्रदान ! मेहरबान !! अच्छा बनिए और अच्छा कीजयि . **I mean to say, 'Be Good and Do Good '.** सच्चे अर्थों में यही है जीवन - मूल्य . दोस्तों ! इन दो शब्दों में जादू है . जरा हाथ साफ़ करके तो देखयि , **Really** मजा आ जाएगा दर्शकों को और आप को भी ! मुझे यकीन है कि आप भी कोई जादूगर से कम नहीं , केवल जरूरत है जादूगरी को निखारने की. तो उठिए और ... ?

****
****

संस्कार व जीवन - मूल्य

मुझसे कोई मजाक भी करता है तो मैं बुरा नहीं मानता | परणिाम आईने की तरह साफ़ है | मुझे कसिी तरह का तनाव , दबाव या दुष्चनि्ता नहीं होती | मैं रक्तचाप या अवसाद से कोसों दूर रहता हूँ | फलतः मुझे कोई ऐसी बीमारी नहीं छू पाती है जो इनकी वजह से होती है | चकित्िसक का कहना है कि रक्तचाप से नाना परकार की बीमारयिों के शकिार हो जाते हैं लोग | जब पानी सर के ऊपर से बहने लगता है तो लोग ईलाज के लिए व्याकुल हो जाते हैं | तबतक बीमारी पूरे शरीर को अपने चपेट में ले लेती है | परतकि्ूल या वषिम परसि्तथि्ि में

रोगी को बचाना कठिन हो जाता है | तब निर्णय लिया जाता है कि किसी मल्टी स्पेसलिटी हॉस्पिटल में ईलाज के लिए ले जाया जाय | आज के समय में मेट्रो सिटी जैसे कोलकता , चेन्नई , बेंगलुरु, हैदराबाद , दिल्ली , मुंबई , अहमदाबाद , लखनऊ आदि जगहों में किसी क्रिटिकल केस में पांच - दस लाख रुपये का खर्च हो जाना मामूली बात है | ऐसे में निम्न एवं मध्यम आयवाले परिवार के लिए ईलाज करवा पाना बहुत ही कठिन हो जाता है | इस विकट स्थिति से उबरने का कोई उपाय नज़र नहीं आता |

सबसे सरल और सहज उपाय है बाल्यकाल से ही या यूँ कहे गर्वावस्था से ही शिशु के स्वाश्थ्य के प्रति पूरा परिवार सजग और सचेष्ट रहे | यदि छोटा परिवार है तो पति का परम कर्तव्य बन जाता है कि पत्नी के खान -

पान पर नियमितरूप से समुचित ध्यान दिया जाय | समय - समय पर पेट में पल रही संतान और माँ का स्त्री - रोग विशेषज्ञ से सलाह - मशविरा किया जाय | जबतक बच्चा पैदा न हो तबतक डाक्टर से रूटीन चेक - अप करवाते रहना चाहिए | माँ को प्रसन्न रहना अति आवश्यक है | जीवन मूल्यों और आदर्शों से सम्बंधित पुस्तकें पढनी चाहिए | स्वस्थ मनोरंजन के फिल्म, नाटक या सीरियल देखना चाहिए | सकारात्मक सोच, संतुलित पोष्टिक आहार , विशुद्ध विचार और नियमित योग और व्यायाम लाभदायक सिद्ध हो सकता है | इनसे सबसे बड़ा लाभ होगा कि बच्चा स्वस्थ पैदा होगा हर दृष्टिकोण से | यह प्रथम चरण की सावधानी कही जा सकती है |

दूसरा चरण शिशु के जन्म लेने के बाद से प्रारम्भ हो जाता है | एक महीने तक तो विशेष

ध्यान देने की आवश्कता है | वायरस और बेकटे रिया जो प्रत्यक्ष और परोक्षरूप से बच्चे को संक्रमित कर सकते हैं , उनसे नवजात शशिु को बचा कर रखना है | शशिु रोग वशिेषज्ञ से सलाह - मशविरा करते रहना चाहिए और उनके परामर्शानुसार बच्चे की देख रेख , खान - पान होना चाहिए | इस सावधानी में माँ को वशिेष ध्यान देने की आवश्कता है |

शशिु जब साल दो साल को हो जाय तो उसके खान - पान पर वशिेष नगिरानी होनी चाहिए |

स्कूल जाने लगे तो उसके टफिनि पर ध्यान देना चाहिए कि इसमें पौष्टकि आहार उसके मनलायक है कि नहीं , वह टफिनि खाकर आता है या लौटाकर घर ले आता है |

जब वह आठवीं से दसवीं वर्ग का स्टूडेंट हो जाता है तो इस बात का माता - पतिा को

ख़्याल रखना चाहिए कि वह किसी बुरी लत या संगति में न पड़ जाय | इस समय लड़का व्यस्क हो जाता है | उसका बिगड़ने की संभावना बनी रहती है |

बच्चों में ग्राह - शक्ति अपेक्षाकृत अधिक होती है | वे किसी भी विषय को बड़े ही ध्यान से सुनता - गुनता है | यही वक़्त होता है जब उनमें अच्छे संस्कार , अच्छी आदतें , अच्छे विचार के बीजारोपण किये जा सकते हैं | युग - युग से यह कहावत चली आ रही है , " CHARITY BEGINS AT HOME " अर्थात घर से ही संस्कार बनते हैं |

यह कथन कहाँ तक सही है , इसे व्याख़्या करने की आवश्यकता नहीं है चूँकि हम नित्य दिन अपने आस - पड़ोस में ऐसे घटनाओं से रूबरू होते हैं जो इस तथ्य से सम्बन्ध रखते हैं |

माँ बच्चों की प्रथम शक्षिका होती हैं ,
इसलिए उनका प्रथम कर्तव्य बनता है कि
अपने बच्चों को सही अर्थ में सँवारे - सजाये ,
उनको सही दिशा व मार्ग पर ले जाएँ | माँ की
कितनी अहं भूमिका होती है , यह जग जाहिर है
|

इतिहास के पन्नों में ऐसे अनेक उदहारण हैं
जहाँ माँ ने अपने बच्चों के चरित्र निर्माण में
अहं रोल अदा की | यही नहीं इनका परिणाम भी
हजारों - लाखों माताओं के लिए प्रेरणादायक हैं
|

क्षत्रपति शिवाजी की माँ ने उनमें ऐसे संस्कार
भर दिए जो उनके जीवन में एक क्रांति ला दी
| सिंगढ़ विजय इसका जीता-जागता उदाहरण
है |

इसके विपिरीत एक ऐसा भी दृष्टान्त है जो हमें कुछ सोचने के लिये - कुछ समझने के लिए वविश कर देता है |

एक व्यक्ति को संगीन जुर्म में सजाये मौत हो जाती है और फाँसी पूर्व उससे उसकी अंतमि ईच्छा पूछी जाती है | वह मुजरमि अपनी माँ से मलिने की ख्वाहसि जाहरि करता है | उसकी माँ आती है | मुजरमि उसकी जीभ काट लेता है | मजस्ट्रिेट पूछता है कि उसने ऐसा क्यों कयिा ? वह बताता है जब वह बचपन में छोटी - मोटी चोरी करके आता था तो उसकी माँ रोकने की बजाय उसे शाबाशी देती थी | अगर उसी वक्त उसकी माँ उसे रोक देती तो वह आज फाँसी के तख्ते पर नहीं झूलता |

इसलिए उसने अपनी माँ की जुबान काट ली ताकि दुसरी माताओं को सबक मलि |

****

****

देश - भक्ति

देश - भक्ति न तो पारभिाषति करने की वषिय - वस्तु है न ही इसकी व्याख्या की जा सकती है. यह तो स्वतः स्फुरति होती है - व्यक्ति के व्यवहार एवं आचरण से. तो चलिए मैं आपलोगों को देश - भक्ति के कुछ नमूने दखिाता हूँ - वो भी हमारे आस - पास - हमारे ही बीच. तो भाई ! अब भी हमारे देश में कुछेक लोग हैं जनिके मन - मस्तष्कि में देश - भक्ति कूट - कूट कर भरी हुयी है. ऐसे लोंगो के लिए जननी एवं

जन्मभूमि स्वर्ग से भी बढ़कर है. ये अपनी जुबान से यह प्रमाणित करने का कभी प्रयास नहीं करते बल्कि अपने आचार - व्यवहार एवं कार्यशैली से इसे प्रदर्शित करते हैं . ऐसे में ही है एतवारी पेंटर . एतवारी पेंटर पेंटिंग का काम करके अपना संसार चलाते हैं. एक दिन मेरे मित्र श्रीवास्तव जी ने एक ट्रेकर (भाड़े में चलनेवाली सवारी गाड़ी) खरीदी . उसने अपने पुत्र को नंबर प्लेट आदि लिखवाने के लिए एतवारी पेंटर के पास भेजा. लड़के ने तो अपनी इच्छानुसार नंबर प्लेट तो लिखवा लिया , लेकिन ट्रेकर के पीछे ' लटकले तो गयले बेटा ' लिखवाने के लिए जिद्द करने लगा . पहले तो एतवारी पेंटर ने शैलेश को ऊपर से नीचे तक घूरते हुए देखा और बाद में ऐसी उत्तेजक बात लिखने से इनकार कर दिया. शैलेश बाद - विवाद पर उतर गया , लेकिन एतवारी पेंटर पर

इसका कोई प्रभाव नहीं पड़ा. जब शैलेश शांत हो गया तो एतवारी पेंटर ने समझाते हुए अपनी बात रखी कि वह पेंटिंग की कमाई जरूर खाता है , लेकिन उल्टी - सीधी भड़काऊ बातें कभी नहीं लखिता. इस महंगाई के दौर में पैसा कसिको प्यारा नहीं है, लेकिन जमीर बेचकर वह पैसा नहीं कमाना चाहता. उल्टी - सीधी बातें सब चाव से पढेंगे और इसका परणिाम उल्टा ही होगा. नकारात्मक बातें बहुतों में उत्तेजना पैदा कर सकती है जसिसे अंततोगत्वा देश को ही नुकसान होगा.

तो क्या लखिना चाहिए , वही लखि दीजयि . '

शैलेश नार्मल होते हुए आग्रह कयिा.

एतवारी पेंटर मोढा खींचकर जमकर बैठ गये और कुछेक मनिटों में लखि दयिा , " अनुशासन देश को महान बनाता है. "

शैलेश पुणे में पढता है . वह एम.बी. ए. का स्टूडेंट है . वह इसे पढ़कर अचंभति हो गया कि समाज का एक सामान्य व्यक्ति की सोच भी इतनी अच्छी हो सकती है और एक हम हैं पढ़े - लखि लोग कि... ?

अभी भी देश भक्ति की बात अधूरी है यदि इससे आगे की घटना का जक्रि न कयिा जाय.

एक दनि एतवारी पेंटर को बैंक मोड़ जाना था - रंग - रोगन लाने के लिए . बंद का एलान था. कोई गाड़ी नहीं चल रही थी सविाय दो पहयि वाहन के. मोड़ पर कसिी परचिति की प्रतीक्षा में एतवारी पेंटर खडा था. उसी वक़्त शैलेश फटफटाता हुआ आ धमका और ब्रेक देकर अपनी बाईक खडी कर दी और बोला ,"धनबाद जाना है तो बैठयि , मैं वहीं जा रहा हूँ .

रास्ते में शैलेश को पेशाब लग गयी. बाईक रोकी और बोला :

अंकल ! एक मिनिट , जरा लघुशंका करके आता हूँ.

ठीक है, मगर जल्द आना .

शैलेश ने देखा कि एक दीवार के सामने तीन लड़के मजे से पेशाब कर रहे हैं और आपस में बातचीत भी कर रहें हैं .

शैलेश भी एक किनारा ले लिया .खड़े हो कर जैसे ही पेशाब करने को तैयार हुआ , उसकी नज़र दीवार पर लिखी हुयी इबारत पर गयी. लिखा था मोटे - मोटे, बड़े - बड़े अक्षरों में , " यहाँ पेशाब करना मना है . " एतवारी पेंटर सड़क के किनारे खड़े होकर सबकुछ देख रहा था . तबतक तीनों लड़के पेशाब कर लिए थे और अपनी पेंट की चेन लगा रहे थे. तभी चार लड़के

और आ गये . उनकी नज़र इबारत पर पडी.वे बोल पड़े :

एक लड़का : बड़ा चला है हमें सीख देनेवाला .

दूसरा : पाठ पढाता है हमें !

तीसरा : देखता हूँ कौन रोकता है हमें , यहाँ पेशाब करने से . हिम्मत है तो रोक ले हमें पेशाब करने से , उसकी ऐसी की तैसी .

चौथा : जागीर समझ ली है अपनी . मिले तो ... ?

पहले के तीनों लडको ने रूककर उनकी चुटकीली कोमेंट का लुत्फ़ उठाया और उनकी पीठ थप[थापकर शाबासी देते हुए आगे बढ़ गये.

शैलेश बिना पेशाब किये लौट गया .

एतवारी पेंटर : तुम खड़े ही रहे कि पेशाब भी की ?

शैलेश : नहीं की .

एतवारी पेंटर : क्यों ?

शलेश : अंकल ! जब आप उल्टी - सीधी बात लखिने से परहेज करते हैं तो क्या आप चाहते हैं कि... ?

एतवारी पेंटर : क्या हुआ ?

शैलेश : दीवार पर साफ - साफ, मोटे - मोटे अक्षरों में लिखा हुआ है , " यहाँ पेशाब करना मना है ." हमें इसका पूरी नष्ठिां से पालन करना चाहिए एक आदर्श नागरकि की तरह , न कि... ?

एतवारी पेंटर एक बालक के मुख से नैतकिता की बातें सुनकर दंग रह गया . वह मन ही मन मुसकरा रहा था यह सोचकर किअब भी देश में अच्छे लोगों की कमी नहीं है , भले ही इनका परतिशत नगण्य ही क्यों न हो ?

शैलेश को एतवारी पेंटर की बात चुभ गयी थी और उसने उनकी सीख को जीवन में उतारने का निश्चय कर लिया था.

उसने एक टी - स्टाल के सामने बाईक रोकी . उसने बोझिल मन से चाय पीते - पीते एक प्रश्न किया , " अंकल ! यदि आप को उस दीवार पर लिखने के लिए कहा जाता तो आप क्या लिखते ?

क्षण भर तो एतवारी पेंटर मौन रहा इस अप्रत्यासित प्रश्न को सुनकर , लेकिन अपने को संयमित करते हुए शांतभाव से उत्तर दिया , " जब तुम जानना ही चाहते हो कि मैं क्या लिखता तो अच्छीतरह से जान लो , " मैं लिखता , " इस स्थान को कृपया स्वच्छ रखें . "

शैलेश एतवारी पेंटर को आश्चर्यभरी निगाहों से देखा, तो देखता ही रह गया . - कुछ देर तक .

****

****

सौंदर्य लहू का

यह कहानी है कि आत्मकथा मैं इसमें कोई अंतर नहीं देख पाता । चलिए कहानी ही समझकर आगे बढ़ा जाय । जो भी हो कहानी सार्थक व कल्याणकारी हो तो सोने पे सोहागा ।

मेरे साथ - साथ चलिए और परम आनंद का लुत्फ़ लीजिए ।

किसी संत - महात्मा का मत है कि जब शिशु जन्म लेता है तो अपने पूर्व संस्कार को लेकर आता है । मेरे साथ भी यही हुआ । पढ़े फारसी बेचे तेल , देखो भाई कुदरत का खेल । वाणिज्य का स्नातक रहा और कहाँ से साहित्य - काव्य के चक्कर में पड़ गया । मुझे अपने आप पर विश्वास नहीं होता , औरों की बातों ...

पांच - छः दशक पहले की बात होगी । धनबाद में किसी न किसी स्थान पर कवि सम्मेलन या मुशायरा या कौवाली का आयोजन होता रहता था ।   धनबाद में कवि सम्मेलन का आयोजन था । मुझे ऐसे सुनहले अवसरों की प्रतीक्षा रहती थी ।

मैं तो गोबिन्दपुर के स्कूल में पढता था ,
लेकिन मेरे कुछेक मित्र धनबाद स्कूल में पढते
थे जिनके द्वारा मुझे सुचना मिलती रहती थी ।

मेरे मित्र ने कवि सम्मलेन होने की सुचना दी
तो मैं फुले नहीं समाया ।

योजना बनी और हम नियित समय पर पहुँच गए
।

उन दिनों कवियों के लिए मंच बनाए जाते थे
और सामान्य श्रोताओं के लिए दरी बछिा दी
जाती थी ।

मंचासीन कवियों के दर्शन मात्र से ही आनंद
की अनुभूति होने लगी ।

कार्यक्रम को कोई वयोवृद्ध कवि संचालति कर
रहे थे । कई कवियों ने अपनी - अपनी कवितायें
पढ़ डालीं ।

हम श्रोताओं में कानाफूसी होने लगी कि रामधारी सिंह 'दिनकर' जी आये हुए हैं ,वो धवल परिधान में मंचासीन हैं ,लोग उनसे वार्तालाप कर रहे हैं ।मैंने इनका नाम सुना था ,लेकिन दर्शन का अवसर नहीं मिला था ।मुझे यह भी मालूम था कि ये वीर रस के प्रख्यात कवि हैं ।इनकी रश्मिरथी काफी लोकप्रिय हुयी है ।

जब दिनकर जी कविता पाठ करने खड़े हुए तो तालियों की गडगडाहट से हाल गूंज उठा ।

मुझे जो कविता सुनने को मिली उसका प्रभाव अमिट छाप छोड़ गया ।घर में मैं वहाँ से लौटते ही पूर्णरूपेण सौंदर्य प्रसाधनों पर रोक लगा दी ।खानपान में विशेष बदलाव कर दिया । लड़के तो लड़के मेरी लड़कियों ने भी कभी इन कृत्रिम संसाधनो की मांग नहीं की ।हमारा ध्यान हरी सब्जियों और फलादि पर केंद्रित हो गया ।रोग

- ब्याद से हम बहुत हद तक दूर रहे । एक अच्छे सेहत का सुख हमें मिलता रहा । फलस्वरूप अनावश्यक दवा - दारू के खर्च से हम बचते रहे । आज भी हमारे बाग - बगीचे हैं , हरी - हरी सब्जियां हमें तो मिलती है हमारे सगे संबंधी को भी मिलते रहते हैं । पूजा - अर्चना के लिए बारहों महीने फूल - पत्र भी मिलते रहते हैं

तो मैं क्या कह रहा था ? मैं विषयान्तर हो गया था , क्षमा करें ।

याद आया कि जब दिनकर जी कविता सुनाने के लिए जैसे खड़े हुए कि लोगों के कान खड़े हो गए । तालियाँ उनके स्वागत में बजती रहीं और एकाएक पिन - ड्रॉप सायलेन्स । नीरवता ही निरवता ! श्मशान सी शांति!

" तुम रजनी के चाँद बनोगे या दिन के मार्तंड प्रखर ,

    एक बात है हमें पूछनी , फूल बनोगे या पत्थर ।

    तेल फुलेल क्रीम - कंघी से ,नकली रूप सजाओगे ,

    या असली सौंदर्य लहू का ,आनन पर चमकाओगे ।।

इतना पढ़ना था कि पूरा हाल गूंज उठा - वाह - वाह से ! !!

पूरी कविता उनकी ओजस्वी वाणी में हमने सुनी तो भाव विभोर हो गए ,रोमांचित हो गए ।

रश्मिरथी से ,रश्मिरथी से आवाज आयी । फिर वे श्रोताओं की ईच्छा के आगे नतमस्तक हो गए ।

एक अंश सुना देता हूँ । पुस्तक कविताओं का संग्रह है , सभी सुनाना संभव नहीं ।

उसने मधुर वाणी पर तनिक ओजस्वी में अपनी बात रखी ।

भगवन हस्तिनापुर आये - एकांश है ।

कविता है :

भगवान हस्तिनापुर आये ,

पांडव का संदेशा लाये ।

मैत्री की राह बताने को ,

सबको सुमार्ग पर लाने को ,

दुर्योधन को समझाने को ,

भीषण विध्वंस बचाने को ,

भगवान हस्तिनापुर आये ,

पांडव का संदेशा लाये ।

दो न्याय अगर तो आधा दो ,
पर, इसमें भी यदि बाधा हो ,

तो दे दो केवल पांच ग्राम ,

रक्खो अपनी धरती तमाम ।

हम वहीं खुशी से खायेंगे ,

परजिन पर असि न उठाएंगे ।

दुर्योधन वह भी दे न सका ,

आशीष समाज की ले न सका,
उलटे, हरि को बाँधने चला ,

जो था असाध्य साधने चला ।

जब नाश मनुज पर छाता है ,

पहले विवेक मर जाता है ।

हरि ने भीषण हुँकार किया ,

अपना स्वरुप विस्तार किया ।

डगमग - डगमग दिग्गज डोले,

भगवान कुपित होकर बोले .

जंजीर बढ़ाकर साध मुझे,

हाँ - हाँ दुर्योधन ! बाँध मुझे,

यह देख गगन मुझमें लय है,

यह देख पवन मुझमें लय है ,

मुझमें विलीन झंकार सकल ,

मुझमें लय है संसार सकल

अमरत्व फूलता है मुझमें ,

संहार झूलता है मुझमें ,

उदयाचल मेरा दीप्त भाल ,

भूमंडल वक्षस्थल विशाल ,

तू मुझे बाँधने आया है ,

जंजीर बड़ी क्या लाया है ।

जब नाश मनुज पर छाता है ,

पहले विवेक मर जाता है ।।

स्मृति- पटल से मैंने लिखे हैं , हो सकता है एकाध पंक्तियाँ उल्लेखित करने में छूट भी गई हों ।

वो मृदु वाणी , वो ओजस्वी प्रस्तुतीकरण , वो भाव - भंगिमा शायद मुझे जीवन में कहीं भी , किसी कविश्रीमुख से सुनने का अवसर नहीं मिला ।

आज वो दृश्य मेरे आँखों के समक्ष घूम जाता है जब कभी कृत्रिम श्रींगार में किसी को देखता हूँ , मुझे अफ़सोस होता है - सोचने को विविश हो जाता हूँ कि यह कृत्रिम साज व श्रींगार की दुनिया अबोध समूह को कहाँ ले जायेगी ।

समाज में आज दिनकर जैसे कवियों की आवश्‍कता है ।

काश ! वे आज होते और ऐसी कविताओं का पुनर्‌पाठ करते !

" तेल फुलेल क्रीम - कंघी से ,नकली रूप सजाओगे ,

    या असली सौदर्‌य लहू का ,आनन् पर चमकाओगे ।।"

****
****

अंग्रेजयित का भूत

आज शुबह - शुबह पौ फटते ही रामखेलावन कूदता - फांदता मेरे पास चला आया . आते ही बरस पड़ा , ' हुजूर ! आप घोड़ा बेचकर सोते रहिये . मालूम है चौपाल के जस्ट बगल में इंग्लिश मीडियम का स्कूल खुलने जा रहा है.

तो इसमें कौन सा आस्मां फट कर गिरि जा रहा है , सैकड़ों स्कूल हैं प्रखंड में , एक दो और खुल गये तो इसमें चीखने - चिल्लाने की क्या जरुरत है ?

जरुरत क्यों नहीं है ? अब खटाल व चौपाल के बच्चे , जो सरकारी स्कूल में पढ़ते हैं , सब के सब यहीं दाखिला लेंगे . अंगरेजी पढेंगे और अपनी वैदकि संस्कृति, सभ्यता व संस्कार को भुला बैठेंगे . देश गर्त में चला जाएगा .

इन सभी खोखली बातों में क्या रखा है ?
असली चीज है कि आजकल अंगरेजी पढ़ने -
पढ़ाने से ही बच्चे - बच्चियां इंजनियिर ,
डाक्टर , वकील , आई.ए. एस., आई. पी. एस.
बनते हैं , हिंदी मीडियम से नहीं .

हुजूर ! एक जमाना वो था कि हम विद्यालय में
गांधी वर्णमाला और मनोहर पोथी पढ़ते थे .
डाक्टर राजेंद्र प्रसाद , दयानंद सरस्वती ,
पंडित मदन मोहन मालवीय, स्वामी विवेकानंद ,
महर्षी अरविन्द घोष , सुभाष चन्द्र बोस ,
वैज्ञानकि सी. वी. रमण , जगदीश चन्द्र बोस
ने तो प्रारंभकि शक्षिा मातृभाषा में ही ली थी.
रविन्द्र नाथ टैगौर ने तो गीतांजली भी बंगला
ही में लिखि थे . भले बाद में इसका अनुवाद
अंगरेजी में किया गया था .

हम १९४७ में आज़ाद हो गये . अंग्रेज लोग
भारत छोड़कर अपने मुल्क चले गये , लेकनि

अंग्रेजयित का भूत अपने पीछे छोड़ गये. हमने यदि हकीक़त में तरक्की की है तो वो है अंगरेजी स्कूल के खोलने , अंगरेजी पढ़ाने - लखिाने , अंगरेजी बोलने - चालने में . एक दनि वो भी आनेवाला है जब हम हन्िदी तो हन्िदी देवभाषा संस्कृत को भी भूल जायेंगे .

रामखेलावन ! इसकी कोई माकूल वजह है . सरकार भी यही चाहती है और जनता भी यही चाहती है. सर्िफ चंद लोंगो के वरिोध करने से कुछ नहीं होगा , सब को एकजूट हो कर खड़ा होना पड़ेगा . कोई वैकल्पकि नदिान ढूंढना पड़ेगा .

जैसे ?

गुरुकूलों की स्थापना करनी होगी , जहाँ मानवीय मूल्यों एवं आदर्शों की पाठ पढ़ाई जायेगी. बच्चों - बच्चयिों को तरासा जायेगा -

हीरे की तरह . परम सुख व शांति कैसे मलि सकती है जीवन में समझया - सिखाया जाएगा .

अंग्रेजयित का भूत किस प्रकार दोहन कर रहा है हम सब को , जरा मेट्रो सिटी में घूमकर आओ , दो तरफ़ा मार समझते हो ?

नहीं , हुजूर !

तो समझो , सोनी दीदी की तरह .

नंबर एक : आभभिावक की दीवानगी (दिवालापन समझने की भूल मत कीजयि) कि हम बच्चे को पढ़ाएंगे तो इंग्लिश मीडयिम स्कूल में ही , चाहे पेट ही क्यों न काटनी पड़े , कर्ज ही क्यों न लेनी पड़े आदि- आदि(झंझट - झमेले सैकड़ों हैं , किसको गनिाऊँ , किसको छोड़ूं)

नम्बर दो : पढ़ - लिखि कर अंगरेजी स्कूल में लड़के - लड़कयिां भले ही इंजनियिर , डाक्टर ,

प्रशासक बन गये - ढेर सारे रुपये कमाने भी लगे , क्या भाग - दौड़ की जिन्दगी व नाना प्रकार के झंझट - झमेलों के सिवाय कुछ (रत्ती भर भी) सुख व शांति मिली है ?

हम अभी हाल ही में हैदराबाद , बैंगलुरू ,पुणे व कोलकता से घूमकर लोटे हैं .

क्या - क्या देखें ? हुजूर !

शुबह से ही माता - पिता को अपने - अपने बच्चों - बच्चियों को लेकर बस स्टॉप की ओर बेतहासा दौड़ते हुए - भागते हुए - पैदल , दो पहियों पर , मोटरकार में , रिक्शा व ओटो में .... ओर ...

ओर क्या ? हुजूर !

मासूम बच्चों (साढ़े तीन वर्ष से सात वर्ष के) की नाजुक पीठ पर पंचसेरी - दससेरी किताबों एवं कापियों की बेरहम बोझ.

मुझे देखकर रोना आ गया - आत्मा चीत्कार कर उठी . अनायास ही फूट पड़ा , " हे भगवान ! ये सब आप कैसे सहन कर रहे हैं ? हे साई बाबा , इन माता - पतिाओं को सीख दीजयि और मासूम बच्चें - बच्चयिों पर रहम कीजयि !

हुजूर ! इतनी उम्र में तो हमलोग खेला - कूदा करते थे . माँ का दूध पया करते थे . और अब तो ... ?

उसकी चर्चा न ही करो तो अच्छा है.

हुजूर ! आये थे हरभिजन को , औटन लगे कपास . कल वधिायक जी अंग्रेजी मीडियम स्कूल का ओपनगि करनेवाले हैं . क्या होगा ?

होगा क्या ? वही होगा जो मंजूरे खुदा होगा . खुलने दो , खुलने दो . मत रोको.

रामखेलावन ! अब कुछ दनि , कुछ वर्ष इन्तजार करो . अभभिावक को जब जबरदस्त

ठेस लगेगी तो समझ पायेंगे **अंग्रेजयित का भूत** असली में होता क्या है ?

वो कैसे ? हुजूर !

मुंबई , बैंगलुरू व पुणे में ऋषी परंपरा के अंतर्गत गुरूकुलों की ओर अभिभावक की रूझान (आकर्षण) . अब वह दिन दूर नहीं जब बच्चों - बच्चियों को लोग इन्हीं गुरुकुलों में पढने - लखिने भेजा करेंगे .

तब तो **अंग्रेजयित का भूत** सर पर पाँव रखकर भाग खड़ा होगा , हुजूर !

इसमें क्या शक है ?

तो इसी खुशी में एक - एक कप चाय हो जाय .

नेकी और पूछ - पूछ . देखा रामखेलावन जोगाड़ - पाती के लिए रसोई घर में जा रहा है .

****

****

युवक और युवतियों द्वारा आत्महत्या - कारण और निदान

 जीवन कितना अमूल्य है , यह व्याख्या करने का विषय नहीं है , इसे अनुभव किया जा सकता है. शास्त्रों , वेदों , उपनषिदों व पुराणों के अनुसार चौसठ लाख योनी में जन्म लेने के पश्यचात ही मानव शरीर की प्राप्ति होती है. यह सभी धर्मों का मत है कि आत्मा अमर है - इसका वनिाश नहीं होता . प्राण - पखेरू उड़ जाने के बाद भी आत्मा किसी दूसरे जीव में जन्म ले लेती है और मृत्य शरीर , जो पञ्च तत्वों से नरिमति होता है , वह अपने - अपने मूल तत्वों में वलिीन हो जाता है .
शाश्त्रानुसार शरीर पांच तत्वों से नरिमति है :

क्षति,जल ,पावक ,गगन , समीरा |

पञ्च तत्व रची यह अधम शरीरा ||

अर्थात यह निकृष्ट व मूल्यहीन शरीर पांच तत्वों , जैसे मिट्टी , पानी , अग्नि, आकाश और वायु (हवा) से बना हुआ होता है. मरणोपरांत शरीर या देह को जला दिया जाता है या दफना दिया जाता है या चीलों - गिद्धों को परोस दिया जाता है - अंतिम संस्कार अलग - अलग धर्मों के अनुसार किया जाता है . चाहे जिस धर्म से , जिस विधि- विधान से हो , लेकिन मृत्य शरीर की गति एक ही होती है - जिन पाँचों तत्वों से शरीर निर्मित होता है , वे पाँचों तत्व अंततोगत्वा अपने - अपने मूलरूप में विलीन हो जाते हैं . यह एक दैविक या प्राकृतिक नियम के तहत होता रहता है. यह क्रिया एक चक्र की भांति घूमते रहता है. जीवन कितना अमूल्य है - इस पर संक्षिप्त प्रकाश डाला गया है. एक कदम आगे बढ़ते हैं तो पाते हैं कि इसे पाने के लिए माता - पिता की अहम् भूमिका रहती है.

दोनों के सहयोग से ही शिशु का आविर्भाव इस संसार में हो पाता है. गर्भाधान के बाद माँ करीबन नौ - दस महीनों तक शिशु को अपने पेट में वहन करती है और हर प्रकार व दृष्टी से उसका ख्याल रखती है तबतक जबतक शिशु का जन्म नहीं हो जाता . शिशु जन्म लेने पर कितना असहाय और असहज होता है , यह बात किसी से छुपी हुयी नहीं है , क्योंकि सब के घर में बच्चे - बच्चियां जन्म लेते ही हैं . इसके बाद तो माँ - बाप की जिम्मेदारी दोगुनी - चौगुनी हो जाती है , क्योंकि शिशु को चौबीसों घंटे भली - भांति देख - रेख की आवश्यकता होती है. शिशु की सेवा - सुश्रुषा के लिए माँ को रात - दिन चौकन्ना रहना पड़ता है . जी - जान से मेहनत - मशक्कत करनी पड़ती है. इसपर भी विस्तार से चर्चा करने की आवश्यकता नहीं है , क्योंकि लोग अपने घरों में शिशु के जन्म

लेने के बाद माँ की व्यस्तता से वाकफि हैं .
शशि के लिए माँ का त्याग आंकलन से परे है.
शशि का जरा सा रोना , माँ का बेतहासा दौड़
पड़ना , चाहे वह किसी भी आवश्यक कार्य में
कितिनी भी व्यस्त क्यों न हो , एक ऐसी
मसिाल है ममता या ममत्व की , जो किसी भी
लोक या परलोक में खोजने से भी नहीं मलि
सकती . माँ का जतिना भी गुणगान कयिा जाय
- कम है. जग की सारी स्याही भी - सारे कागज़
भी कम पड़ जायेंगे यदि माँ की कथा को प्रारंभ
से अंत तक लखिी जाय.
माँ अपने फूल से भी ज्यादा नाजुक व कोमल
हाथों से अपने जगिर के टुकड़े को सहेजती -
सम्हालती है , उसका लालन - पालन करती है
माँ संतान की प्रथम गुरु होती है. वह उसे
अंगुली पकड़कर चलना - फरिना सीखाती है .
तुतली जुबान में बोलना सीखाती है . मातृभाषा

का ज्ञान माँ की गोद में ही प्राप्त होता है.
यही वह पाठशाला है जहां शिशु का चरित्र का
निर्माण होता है. माँ की गोद, उसके आंचल की
छाँव ऐसी जगह होती है जहां बच्चे - बच्चियां
जीवन मूल्यों और जीवन आदर्शों के पाठों को
पढ़ते है.
इसीलिये तो कहा गया है : " जननी जन्म
भूमिश्च स्वर्गादपिगरयिसी " अर्थात माँ और
मातृभूमि स्वर्ग से भी बढ़कर है .
माँ के साथ - साथ पिता के सहयोग और
साहाय्य को भुलाया नहीं जा सकता . उनका
ध्यान अपनी संतान , अपनी जीवन संगिनी के
देख - रेख , पालन - पोषण में अहर्निशि लगा
रहता है .
अपनी संतान के साथ माता - पिता की कितनी
आशाएं , उम्मीदें जुडी रहती हैं , यह व्यक्त
नहीं किया जा सकता , केवल अनुभव किया जा

सकता है. माँ - बाप के बुढ़ापे का सहारा , यदि कोई होता है , तो उनकी संताने हैं . माँ - बाप की दिली ईच्छा रहती है कि- उनकी आशा बंधी रहती है कि उनकी संतान पढ़ - लिखकर , बड़े होकर अपने पैरों पर खड़ा हो जाय - उनकी देख - रेख समुचति आदर व सम्मान के साथ करे . उनके यश , साख व नाम को अपने सद्कर्मों से रौशन करे . समाज और देश में अपने आचरण व कर्म से एक ऐसी मिसाल कायम करे जिससे माता - पिता का सर गर्व से उंचा हो जाय.

सबसे भयावह स्थिति तब हो जाती है जब किसी युवक या युवती आवेश , उत्तेजना , उन्माद व अवसाद में आत्महत्या कर लेते हैं और अपनी जीवनलीला समाप्त कर लेते हैं . ऐसा जघन्य और घिनौनी हरक़त करने के पहले क्या उसे अपने माता - पिता के बारे नहीं सोचना चाहिए था ? क्या यह उसका कायरतापूर्ण कार्य नहीं

कहा जा सकता ? क्या जीवन , जो इतनी मुश्किल से मिली है , को क्षणभर में अंत कर देने का अधिकार उसे है ? जिन माँ - बाप ने इतनी आशाओं और उम्मीदों के साथ उसे पाला - पोशा , पढ़ाया - लिखाया , क्या उसका दायित्व नहीं बनता कि वह उनकी उम्मीदों और आशाओं पर खरे उतरे ?

युवक या युवती प्रेम में जब असफल हो जाते हैं , तब क्या आत्महत्या कर लेना ही सच्चे प्रेम का एकमात्र प्रतिदान है ? क्या प्रेम की यही परिणति है ? इतना बड़ा कदम उठाना क्या बेवकूफी नहीं ? क्या इसे कायरता की श्रेणी में रखा नहीं जा सकता ? प्रेम में असफल होने पर क्या जीवन जीने का कोई दूसरा बेहतर विकल्प नहीं हो सकता ? क्या ऐसी मिसाल कायम नहीं की जा सकती कि दुनिया और दुनियावाले उनके कदमों पर सर झुका दे ? माँ - बाप का सर गर्व

से उंचा हो जाय ? क्या ऐसे आत्महत्यारों को एक बार भी अपनी माँ - बाप की याद नहीं आती - ऐसे जघन्य कार्य को अंजाम देने के पहले ? क्या वे इतने निर्दयी , निष्ठुर व मदांध हो गये ? इससे भी घिनौनी हरकत तब होती है जब युवक युवती के प्राणों का प्यासा हो जाता है. युवती को किसी हथियार से मार देता है या जहर दे देता है और खुद भी मार लेता है या जहर खा लेता है. इसे पागलपन नहीं तो और क्या कहा जा सकता ? पढ़ - लिखकर इतनी नासमझी , इतनी नादानी , इतनी क्रुरता वो भी क्षणिक प्रारब्ध हेतु , क्षणिक भोग - विलास , आमोद - प्रमोद , विषय - वासना के लिए ? क्या जीवन में यही सबकुछ होता ? कदापि नहीं . इससे भी बड़ी चीज होती है . इससे भी परे एक दुनिया है - इससे भी ऊपर एक ज़िन्दगी है . जीवन - मूल्यों व जीवन आदर्शों को

आत्मसात करना और अपने जीवन को इस प्रकार तरासना ताकि जनहित , जनमंगल व जनकल्याण की कल्पना को साकार किया जा सके , मरणोपरांत भी दुनिया में नाम , यश व कृति कायम रहे . ऐसे अनेकों महान व्यक्तियों की सूची उपलब्ध है जिन्होंने ऐसे क्षणिक सुख का त्याग करके परम व शाश्वत सुख के रास्ते अपनाए . जनहित और जनकल्याण के कार्यों में अपना सारा जीवन अर्पित कर दिए . आज सारी दुनिया उनके व्यक्तित्व और कृतित्व के समक्ष नतमस्तक है . इतिहास के पन्नों में ऐसे व्यक्तियों के नाम , कृति व यश सुनहले अक्षरों में अंकित हैं . एकबार पढ़कर तो देखिये . स्वाश्थयवर्धक वार्तालाप , शिक्षाप्रद पुस्तकें और सुसंगति आप के जीवन को सार्थक बनाने में अहम् भूमिका निभा सकती है. स्वामी विवेकानंद को कौन नहीं जानता ? एक बार एक

महिला उनके व्यक्तित्व से इतनी प्रभावित हुयी कि उसने स्वामी जी के सामने विवाह का प्रस्ताव रख दिया . स्वामी जी ने धैर्य से उसकी बातें सूनी और बड़े ही शांत भाव से अपने जीवन के मशिन के बारे समझाये , फिर भी वह अड़ गयी . स्वामी जी के पास हर समस्या का समाधान रहता था , ऐसे प्रखर बुद्धि और विलिक्षण प्रतिभा के धनी थे वे . तत्काल उन्होंने उसे स्पष्ट कर दिया कि यदि उसे उनके साथ रहना ही है तो बहन बनकर रह सकती है . उस दिन से स्वामी जी ने उसका नाम दे दिया - भगिनी निविदिता , जो आजीवन स्वामी की शिष्या बन कर उनके मशिन को सफल बनाने में सहयोग करती रही. अब मूल विषिय पर बात करना आवश्यक प्रतीत होता है.

अभी हाल में एक युवक ने एक युवती पर टांगी से वार कर दिया और खुद जहर खा ली. युवक

की मौत हो गयी और युवती मरणासन्न है . यह घटना जे एन यू , दिल्ली की है. मेरे पड़ोस में मेरे मित्र के पोते , जो दसवीं वर्ग का स्टूडेंट था , अपनी सहपाठी (एक लडकी) से लव करने लगा , लेकिन वह लड़की उसे नहीं चाहती थी. लड़का जब भी मिलता लड़की से कहता - आई लव यू . इसपर लड़की का जबाव होता - आई हेट यू . कुछेक महीनों के बाद एक दिन लड़की ने कहा , "क्या तुम मुझसे शादी करोगे ?" लड़के ने कहा , "हाँ करूंगा . " लड़के ने यह बात अपने माँ - बाप से बताई . माँ ने कहा , "अभी तुम्हारी पढने - लखिने की उम्र है , बाद में देखेंगे . " अब लड़के ने , जब माँ - बाप घर से बाहर थे , फांसी लगाकर आत्महत्या कर ली. आठ महीने हो गये , न तो माँ के आंसू थम रहे हैं न पिता के . दादा जी का शरीर सोचते - सोचते टूट गया है. सदमे से अभी तक परिवार

उबर नहीं सका है. इसे आप क्या कहेंगे ?

किसी वजह से परिवार वाले शादी के लिए राजी नहीं थे , युवक और युवती ने पेड़ पर फांसी लगा कर झूल गये और जान दे दी. इसे आप क्या कहेंगे ?

उफनती हुयी नदी में युवक और युवती - दोनों ने पूल से छलांग लगा दी और जान दे दी इसे आप क्या कहेंगे ?

किसी होटल के कमरे में युवक और युवती ने जहर खाकर जान दे दी . इसे आप क्या कहेंगे ?

किसी युवक ने युवती के ऊपर तेज़ाब फेंक दी - सबक सीखाने के लिए या प्रतिशोध में . इसे आप क्या कहेंगे ?

परीक्षा में युवती फेल हो गयी . माँ या पिता ने पुत्री को किसी बात पर डांट पिलाई , पुत्री ने फांसी लगा ली. इसे आप क्या कहेंगे ?

मेरे एक बड़े ही अच्छे मित्र थे - क साहब .

बड़ा ही खुशहाल जीवन था . बेटी महिला
विद्यालय में पढ़ती थी . ऑफिस से जब भी घर
लौटते थे तो लड़की को अक्सरां एक लड़के से
बात करते हुए पाते थे. एक दिन उनसे रहा नहीं
गया और लड़की को डांट - फटकार लगाई , एक
दो चपत भी रशीद कर दी . लड़की को अपने
साथ लेते चले गये घर तक . दूसरे दिन मुझे
समाचार मिला क साहब की लड़की ने खुदकशी
कर ली कमरे में बंद होकर फांसी लगा ली .
लड़की अति सौम्य , अति सुशील, अति आकर्षक
थी. कोई सोच भी नहीं सकता था कि लड़की
ऐसा जघन्य कदम उठायेगी . पूरा परिवार हिल
गया इस घटना से. मेरा मित्र इतना शोक -
संतप्त हो गया कि कुछेक महीनों में ही दुनिया
छोड़कर चले गये . इसे आप क्या कहेंगे ?
मैं सबसे पहले अपनी बात (विचार , फीलिंग)
बताना चाहता हूँ कि जब कभी प्रेम प्रसंग को

लेकर कोई युवक या युवती या दोनों आत्महत्या कर लेते हैं तो मैं मर्माहत हो जाता हूँ इतना हद तक कि मैं अपने आप को सम्हाल नहीं पाता हूँ . चतिन के अथाह सागर में डूबने - उतराने लगता हूँ . आज थोड़ा ज़्यादा ही भावुक हो गया हूँ . आठ अगस्त २०१३ का दैनकि जागरण समाचार पत्र का पृष्ठ संख्या तीन मेरे सामने है .

नेशनल क्राईम रकिार्ड ब्यूरो के अनुसार प्रेम प्रसंग में देश भर में आत्महत्या करनेवालों की संख्या करीब चार हज़ार है - एक वर्ष में . झारखण्ड राज्य में २०१२ में ४८ युवक - युवतियों ने प्यार के नामपर जान दे दी. इनमें २७ पुरुष और २१ महलियें हैं . एन सी आर बी के अनुसार इनका शैक्षणकि स्थति प्रतशित में :

१ . अशक्षिति : १९.७ %

२ . प्राथमकि : २३.५ %

३ . मैट्रकि   : १९.२ %

४ . उच्च वि: ९.७ %

५ . स्नातक : ३.४ %

६ . डप्लिोमा : १.५ %

७ . स्नातकोत्तर : ०.६ %

उपरोक्त आकड़ों से वदिति होता है कि समुचति उच्च शक्षिा के अभाव में आत्महत्या अधकि होते हैं . जनिके सामने उज्जवल भवष्यि है , वे इस कुकृत्य से अपने को वंचति रखते हैं . अशक्षिा या न्यून शक्षिा आत्महत्या का मूल कारण है.

अब मनोचकित्सक के वचिार को भी जाने :

डाक्टर मिली सिंह के अनुसार प्रेम प्रसंगों में ब्रेकअप के लोग अवसाद में चले जाते हैं . इस समय उसे परिवार के सहयोग की अपेक्षा होती है. अपेक्षित सहयोग न मिलने पर वे आत्महत्या की और प्रेरित होते हैं . दूसरी वजह शिक्षा की कमी और अल्प शिक्षा है , क्योंकि ऐसे मामलों में युवक - युवतियों के पास कोई लक्ष्य नहीं होता . ऐसे मामलों से निपटने के लिए परिवार के लोगों को ऐसे युवक - युवतियों के करीब आना चाहिए और उनकी पीड़ा को समझना चाहिए - उनका वक़्त - वक़्त पर समुचित कौन्सलिंग करनी होगी .

एक समाजशास्त्री एवं मानवाधिकारवादि होने के नाते मेरा मत है कि प्रेम प्रसंगों से आये दिन होनेवाली आत्महत्या पर बहुत हद तक अंकुश लगाया जा सकता है या इसे न्यूनतम प्रतिशत में लाया जा सकता है जब माँ - बाप और

परिवार के सारे सदस्य युवक - युवती के साथ नियमितरूप से संपर्क बनाए रखें - खुलकर बातचीत करें - उसकी भावनाओं की कद्र करे . उसकी जगह अपने को रखकर किसी निर्णय को लें. व्यसक युवक , युवतियों के साथ यदि दोस्ताना अंदाज़ में बात - चीत करें , तो वे कभी भी आत्महत्या की बात सोच भी नहीं सकते - यह विचार मैं अपने अनुभव , अध्ययन और अन्वेषण के आधार पर व्यक्त कर रहा हूँ .

****
****

स्वर्ग कहीं और है क्या

एक अहं प्रश्न है क्या स्वर्ग है कहीं और
नीलाम्बर के उसपार - क्या कोई स्थान है जहाँ
मृत्यु के उपरान्त आत्मा चली जाती है और
कर्मानुसार उसे स्वर्ग या नर्क में भेज दिया
जाता है ?

स्वर्ग में अलौकिक सुख है जबकि नर्क में
अनेकानेक कष्ट है - ऐसी लोगों की धारणा है
या मत है ।

प्राय सभी धर्मों और मजहबों में स्वर्ग व
नर्क का किसी न किसी रूप में वर्णन या
विविरण या उल्लेख मिलता है ।

सतयुग , त्रेता और द्वापर युग में कसी न
कसी प्रसंग में स्वर्ग व नर्क का वर्णन या
उल्लेख आता है । कलयुग में तो इसकी चर्चा
- परचिर्चा नतिय दनि हो रहा है । संचार
माध्यम में कई तरह के उपकरण आ गए हैं
जनिके माध्यम से लोग घर बैठे दूरदर्शन पर
संत - महात्माओं के प्रवचन वभिन्नि चैनलों
में सुन रहे हैं । श्रीराम कथा व श्रीमदभागवत
गीता की कथाओं में सद्कर्मों और कुकर्मों के
परणिामों से श्रोताओं को अवगत कराया जा रहा
है ।

जब रावण का अत्याचार चरम सीमा पर पहुँच
जाता है तब राजा दशरथ के यहाँ राम का जन्म
होता है । राम वष्णिु के अंश हैं । उनका
अवतरण अधर्मयिों के वनिाश के लिए ही हुआ
है - ऐसी अवधारणा हमारे पौराणकि ग्रंथों में
वर्णति है । महाकवि कालदिास ने अपने मौलकि

ग्रन्थ में श्रीराम कथा का वर्णन देवभाषा संस्कृत में किया है । गोस्वामी तुलसीदास ने रामचरति मानस में श्रीराम कथा का उल्लेख पाप पर पुन्य का विजय , अधर्म पर धर्म का विजय , असत्य पर सत्य का विजय को कथा के केंद्रबिंदु पर रख कर किया है । कहने का तात्पर्य यह है कि अधर्म का समूल विनाश करके धर्म की स्थापना की जाती है । राम का रावण पर विजय इसी उद्देश्य की पूर्ति है ।

कथा में ऐसे प्रसंग आये हैं जहाँ श्रीराम कृपा से अधर्मियों का स्वर्ग जाने का वर्णन आता है । बाली - बध और श्रीराम द्वारा अपने आशीर्वचन से स्वर्ग भेजने की मार्मकि कथा का उल्लेख रामचरति मानस में विशिषरूप से किया गया है ।

रावण - बध इसी श्रृंखला की एक महत्वपूर्ण कड़ी है ।

द्वापरयुग में जब मथुरा के राजा कंस का अत्याचार शिखिर पर पहुँच जाता है और निर्दोष लोगों को भी नहीं बक्शा जाता है , उन्हें मौत का घाट उतार दिया जाता है , तब श्रीकृष्ण का आविर्भाव (जन्म) होता है । ऐसी मान्यता है कि अधर्म का विनाश करके धर्म की स्थापना के निमित्त श्रीकृष्ण का जन्म होता है । कंस को आभास होता है कि उसको मारनेवाला जन्म ले लिया है । श्रीकृष्ण को मारने के अनेकानेक प्रयास किये जाते हैं , लेकिन सब व्यर्थ । जब श्रीकृष्ण शिशु थे तो पूतना राक्षसनी को कंस मारने के लिए भेज देता है । पूतना मारी जाती है , लेकिन श्रीकृष्ण उसे स्वर्ग में स्थान दे देते हैं । यहाँ भी स्वर्ग का वर्णन आता है ।

समय आने पर कंस मारा जाता है । और धर्म की स्थापना होती है ।

ऐसी मान्यता है कि मानव शरीर पांच तत्वों से निर्मित है :

क्षिति, जल , पावक , गगन , समीरा |

पञ्च तत्व रची यह अधम शरीरा ||

शरीर में आत्मा निवास करती है | शरीर का अंत मृत्योपरांत होने पर पञ्च तत्व अपने - अपने मौलकि तत्वों में विलीन हो जाते हैं |

आत्मा को ईश्वर का अंश माना गया है | आत्मा अजर - अमर होने से यह शरीर से निकिलकर ईश्वर में विलिनि हो जाती है या उसका किसी अन्य जीव में पुनर्जन्म होता है या कर्मानुसार उसे स्वर्ग या नर्क में भेज दिया जाता है जहाँ उसे स्थूलरूप में यदि स्वर्ग मिलिता है तो नैसर्गकि सुख मिलिता है या नर्क मिलिता है तो अनेकानेक कष्ट उठाना पड़ता है |

आत्मा के गुण का उल्लेख इस तरह है :

नैनं छिन्दन्ति शस्त्राणि, नैनं दहति पावकः |
न चैनं क्लेदयन्ति आपः, न शोषयति मारुतः||

आत्मा के बारे में शास्त्रों , वेदों व पुराणों में
कहा गया है कि इसे कोई शस्त्रादि छेद नहीं
कर सकता , अग्नि इसे जला नहीं सकती , न ही
जल इसे गीला कर सकता है, न ही वायु इसे
सोक सकता है | इस प्रकार आत्मा अजर -
अमर , अविनाशी है |

ऐसे जो हम नित्य देखते हैं कि हृदय - गति
रुक जाने से रक्तसंचार निष्क्रिय हो जाता है
और शरीर का सामान्य तापमान गिर जाता है ,
शरीर एक तरह से ठंडा हो जाता है और
मष्तिष्क भी काम करना बंद कर देता है |
श्वांस का आना - जाना बंद हो जाता है | किसी
भी रूप में जीवन का स्पंदन शेष नहीं रहता |
ऐसी अवस्था को हम मृत्यु या मौत या डेथ के
नाम से जानते हैं |

पार्थवि शरीर को तो हम अपने - अपने धर्म , संस्कृति व परंपरा के अनुसार क्रिया - कर्म कर देते हैं । दिविगंत आत्मा की शांति के लिए भी हम पूजा - पाठ , दान - दक्षिणा , भोजादि धर्मानुसार व परम्परानुसार करते हैं ।

हम दिविगंत आत्मा की शांति हेतु ईश्वर से प्रार्थना करते हैं । स्वर्गवास की कामना करते हैं ।

शारीरिक विज्ञान के नियमों के अनुसार जीव का जन्म एवं मृत्यु होती है । जो जन्मता है वह एक न एक दिन मरता है । यह शाश्वत व विश्वव्यापी नियम है ।

जीव की श्रेणी में मनुष्य भी आता है ।

माँ संतान को जन्म देती है । संतान जन्मभूमि में चलता - फिरता है , खेलता - कूदता है , पढता - लिखता है और एक दिन शिशु से बालक ,

बालक से यूवक और युवक से वृद्ध हो जाता है | ऐसा एक समय आता है जब उसे मृत्यु को वरन करना पड़ता है |

" जो आया है सो जाएगा " - यह ध्रुब सत्य है | अकाट्य सत्य है | तार्ककि है | वैज्ञानकि है | न्यायसंगत है | यदि ऐसा न होता तो पृथ्वी में रत्तीभर जगह भी रहने को नहीं मिलती | यह विधि का विधान है | यह नियति की प्रकृति है |

शाश्त्र , वेद - पुराण में स्वर्ग व नर्क के अस्तित्व को स्वीकार किया गया है जबकि विज्ञान इस पर मौन है | ऐसा कोई ठोस परमाण उपलब्ध नहीं है जिसके आधार पर कहा जा सके कि कोई स्वर्ग व नर्क नामक स्थान भी है |

एक लेखक ने कहा है :

" जननी जन्म भूमिश्च स्वर्गादपि गरीयसी । "

अर्थात माँ और मातृभूमि स्वर्ग से भी बढ़कर है ।

इस प्रकार स्वर्ग के अस्तित्व को स्वीकार किया गया है और माँ एवं मातृभूमि को स्वर्ग से भी महत्वपूर्ण बताया गया है ।

स्वर्ग वह अलौकिक स्थान है जहाँ जाने से प्राणी जन्म - मरण के बंधन से मुक्त हो जाता है । चौसठ लाख योनियों में पुनर्जन्म लेने के फेरे से विमुक्त हो जाता है ।

स्वर्ग - नर्क विज्ञान से परे है । कुछेक विद्वानों का मत है कि स्वर्ग व नर्क इसी धरती पर है , इससे परे नहीं ।
" जैसा कर्म करोगे, वैसा फल देगा भगवान " ।

गोस्वामी तुलसीदास ने रामचरित मानस में भी उल्लेख किया है - " कर्म प्रधान विश्व करि राखा , जो जस करहि सो फल चाखा | "

कर्म को प्रधानता दी गई है | सद्कर्म करेंगे तो मीठे फल और कुकर्म करेंगे तो तीते फल चखना होगा | मीठे व तीते सुख व दुःख के पर्याय हैं |

स्वर्ग व नर्क कहने के पीछे यह भी उद्देश्य या मकसद हो सकता है कि लोग स्वर्ग जाने की ईच्छा में अच्छे कर्म करने की ओर प्रेरित होंगे , बुरे कर्मों से परहेज करेंगे |

लोगों में भय होगा कि बुरे कर्म करने से नर्क में जाना पड़ेगा |

निष्कर्षतः इसी संसार में स्वर्ग व नर्क है | स्वर्ग वह घर - परिवार है , वह समुदाय व समाज है जहाँ सुख व शांति विराजती हैं , जहाँ

पारस्परिक स्नेह व प्रेम पनपता है . जहाँ
विद्या है , विनिम्रता है , कार्य - कुशलता है ,
जहाँ धन है , जहाँ धर्म व सत्य है , जहाँ
सहयोग , सहमति व सौहाद्रपूर्ण वातावरण है |

और नर्क वही है जहाँ सबकुछ उल्टा - पुल्टा है
, इसके विपिरीत हैं |

अब आप के हाथों में है आप अपने घर -
परविार को , समुदाय व समाज को स्वर्ग बनाएँ
या नर्क |
पर सब कुछ होते हुए भी एक प्रश्न अभी भी
है मन में अन्नुतरति - " स्वर्ग कहीं और है
क्या ? "

****

****

स्वर्ग

जब से शालिनी आई है , घर - आँगन में रौनक
आ गई है । सुख व शान्ति विराजती है ।
स्वच्छता पर कितना ध्यान देती है , हर कोने
में डस्टबीन । शयन - कक्ष , रसोईघर ,
स्नानघर , बैठकखाना , बारंडा , आँगन सुबह
उठते ही साफ़ - सफाई में लग जाती है । रसोई
घर का तो उसने कायाकल्प ही कर दिया है ।
सभी आवश्यक वस्तुओं को करीने से सजा कर
रख दी है । कोई भी वस्तु पलक झपकते मिल
जाती है । समय की बचत । तनाव से राहत ।
नित्य काम की वस्तु एक कोने में ।

सप्ताहवाली अलग । महीने में जिसकी
आवश्यकता होती है , उसे एक अलग ही शेल्फ
में ।

वह जब से आयी है , मुझे कुछ करने ही नहीं
देती । बैंक मैनेजर है , लेकिन कितनी सौम्य ,
कितनी शांत , कितनी सहज व सरल है । बोलती
है तो मानों जिह्वा से मधु टपकता है । हँसती
है तो जैसे मुखारविंद से फूल झरते हैं ।
विनम्रता की जीती - जागती प्रतिमूर्ति । अहं
कोसों दूर । जैसा रूप , वैसा गुण ! रूप व गुण का
अनुपम संगम !

गौतम भी कितना घुल मिल गया है । गोद में
चढ़ता है तो उतरने का नाम तक नहीं लेता ।
अवकास के दिन तो दिनभर उसके पीछे लगी
रहती है । अदिति और गौतम को नहलाने -
धुलाने से लेकर , खिलाने - पिलाने और सुलाने

तक सारा काम स्वं करती है , मुझे फटकने तक नहीं देती |

कतिना ख़्याल रखती है , कहती है , "दीदी ! आप तो छः दनि काम करती हैं , मुझे एक दनि भी तो काम करने दीजिए | "

पत्नी ने एक ही सांस में इतनी सारी बातें रख दीं |

शालनिी सुसंस्कारी है , सुशक्िषति है , एक आदर्श नारी के सभी गुण उसमें सन्ननहिति है फरि भी दुर्भाग्य है पत्नि ने उसे डविौर्स दे दयिा | इससे उसे रत्ती भर भी अफसोश नहीं | वह जानती है कि बुरे कर्मों का फल बुरा ही होता है |

एक तरह से अच्छा ही हुआ | ऐसे लफंगें - लुच्चे के साथ रहने से अच्छा मर जाना है | जो भगवन करते हैं अच्छा ही करते हैं | वहाँ रहती

भी तो घूट - घूट कर दम तोड़ देती | जो ऐसा करता है अपनी पत्नी के साथ , उसका कभी भला नहीं होता | तड़प - तड़प कर मरता है एक दिन |

शालिनी को इन बातों की याद भूलकर भी नहीं दिलाना है | अनावश्यक उसे आघात लगेगा |

मैं भी यही सोचती हूँ | अभी उम्र ही क्या है , पच्चीस - छब्बीस | सब कुछ सामान्य हो जाय ...

तो ?

इतनी लंबी जिदगी पड़ी है उसके सामने , कोई सुयोग्य लड़का मिल जाय तो शादी करवा देनी है |

जबतक हमारे पास है ... ?

दुसरी जगह जाने पर ऊँच - नीच कोई बात हो
जाय तो पछताने के सिवाय ... ?

सो तो है । नारी के लिए जीवनसाथी का होना
परमावश्यक है वो भी खासकर युवावस्था में
जब लोगों की कुदृष्टि बनी रहती हो ।

लेकिन शालिनी पुनर्विवाह के लिए तैयार नहीं ।
वह स्पष्ट कहती है अदिति को देखकर बाकी
जीवन सुखपूर्वक जी लेगी । वह सबल नारी है ।
उसमें विषम परिस्थितियों में भी जीने का गुर
मालुम है । वह विचलित होना नहीं जानती ।

मानव जीवन समस्याओं से परिपूर्ण है , लेकिन
समस्या है तो समाधान भी है । वह समाधान
तलाशने में सक्षम है ।

शालिनी कहती है लोग उसे घूरने में बाज नहीं
आते । आजकल बलात्कार की घटनाएं होती

रहती हैं । हमेशा मैं उसके साथ नहीं रहता । उसे अकेले ही कई काम करने पड़ते हैं ।

शालनी के घरवाले रुष्ट हैं , चूँकि उसने बिना बताए प्रेम - विवाह मनमर्जी से कर ली । तब से सम्बन्ध विच्छेद हो गया , कोई सुधबुध नहीं लेता । पति ने तो स्पष्ट शब्दों में कह डाला , " तुम हमारे लिए मर चुकी हो ।" तब से वह भी उदासीन है । क्या करे जब एकबार प्रेम का धागा टूट जाय तो जूटता नहीं और जूटता भी है तो उसमें गाँठ पड़ जाती है ।   माँ का देहांत बचपन में ही हो गया । पति ने दूसरी शादी कर ली । सौतेली माँ । उनको क्या फिक्र पड़ी है उसकी ! पति को अपनी मुट्ठी में रखती है । एक भाई है बड़ा , उसकी चार - चार बेटियाँ हैं । दिनभर व्यस्त आटा - चक्की में   । कोल्हू के बैल की तरह । बड़ी मुश्किल से दो जून की रोटी की व्यवस्था कर पाता है । जब अपना ही पेट

खाली हो तो कैसे मदद करे कसिी को | मामा ने हम्िमत दलिाई तब वह पीजी में दाखलिा ले सकी | अब वह उनकी बेटी को पढ़ा रही है | इंजीनयिरगि में है | सारा व्यय वही वहन करती है | इंसानयित का तकाजा है कि जो वक्त पर काम आये उसे मदद करनी चाहयि | अपनी जम्िमेदारी बखूबी समझती है वह और बखूबी नभिाते आ रही है | आज जो भी वह है , मामा के बदौलत ही है | मामा नहीं पढ़ाते तो वह नहीं पढ़ पाती , न ही इस मुकाम तक पहुँच पाती |

" जैसा कर्म करोगे , वैसा फल देगा भगवान "- इसमें वह यकीन करती है |

जब भी रांची में " राम - कथा " का प्रवचन होता था , वह अवश्य जाती थी और तन्मय होकर सुनती थी | उसने गाँठ में बाँध ली थी - " कर्म प्रधान वश्िव करि राखा , जो जस करहि सो फल चाखा | " उसे आस्था चैनल में रूचि है

|मुरारी बापू की राम - कथा को सुनने में उसे नैसर्गकि सुख का आनंद मलिता है ।

यही वजह थी कि उसने जी तोड़ मेहनत की और पीजी (अर्थशास्त्र) प्रथम श्रेणी में उत्तीर्ण की । श्रम कभी व्यर्थ नहीं जाता । इस तथ्य को उसने चरतिार्थ कर दखिाया है ।

आज से तीन दनिों तक अवकाश है । कल शाम को ही शालनिी अदतिि को लेकर अपनी सहेली के घर गई है ।

घर कतिना सूना - सूना सा प्रतीत होता है उसके बनिा । रहती है तो चहल - पहल बनी रहती है , चली गई तो चारों ओर नीरवता ही नीरवता ।

परविार में एक व्यक्ति कतिना महत्वपूर्ण हो जाता है आज महसूस हो रहा है हमें ।

अपने सद्गुणों से सद्व्यवहारों से व्यक्ति किसी का भी दिल जीत सकता है , उस पर राज कर सकता है | शालिनी हमारे दिलों पर राज करती है जब से आयी है |

पत्नी को किसी काम में मन नहीं लग रहा है | मेरा भी | गौतम तो बेचैन है जैसे किसी को तलाश रहा है , यह उसके व्यवहार से ज्ञात हो रहा है |

वक़्त काटना मुश्किल हो गया है |

पत्नी कई बार पूछ चुकी है कब आ रही है शालिनी |

बस आती ही होगी | मुझे मालुम है कि वह शाम को आयेगी , लेकिन मैं पत्नी से नहीं कह पाता | आती ही होगी करकर टाल देता हूँ |

पत्नी कई बार बाहर जाती है और मुँह लटकाए लौटकर कमरे में आ जाती है उदास , उदग्निन |

शनैः शनैः दिन ढलता है प्रतीक्षा में |

सूरज क्षितिज में डूब रहा है | लालिमा बिखिरते हुए | पक्षियों का झुण्ड अपने - अपने घोंसलों की ओर | नीलाम्बर आतुर दिवस को विदा देने में और रजनी को गले लगाने में |

पत्नी बारंडे में सोफे पर बैठी इन्तजार में है | मैं गौतम को टहला रहा हूँ |

एक ऑटो दिखाई देती है | हम बाहर गेट खोलकर आ जाते हैं |

शालिनी अदिति को लेकर होंठों पर मुस्कान बिखिरते हुए उतरती है | मैं अदिति को अपनी गोद में ले लेता हूँ |

शालिनी पत्नी के पाँव छूती है | पत्नी गले लगा लेती है और कह पड़ती है :

इतनी वक़्त लगा दी लौटने में , मेरी तो जान ही
नकिल रही थी |

खुशयिाँ इतनी कि हम अंतर में रोक नहीं पाते ,
मुस्कान बनकर होंठों पर तैर जाती हैं |

मुझे एहसास होता है घर में स्वर्ग उतर आया
है |

****
****

www.ingramcontent.com/pod-product-compliance
Lightning Source LLC
LaVergne TN
LVHW051225200726
843510LV00011B/1486